Merkblatt geh. 9/12

Geheim!

Vorläufige Richtlinien

für den Einsatz von Panzerabwehrwaffen
in der Verteidigung

Vom 20. Mai 1944

Oberkommando des Heeres
Gen.St.d.H. / Ausb.Abt.(II)   **H.Qu.OKH., d. 20. Mai 1944.**
       Nr. 650/44 geh.

Das Merkblatt

„Vorläufige Richtlinien für den Einsatz
von Panzerabwehrwaffen in der Verteidigung" tritt mit Herausgabe in Kraft.

I. A.

Z e i t z l e r .

Bibliografische Informationen der Deutschen Nationalbibliothek:
Die Deutsche Nationalbibliothek verzeichnet diese Publikation
in der Deutschen Nationalbibliografie; detaillierte bibliografische
Daten sind im Internet über http://dnb.dnb.de abrufbar.

© 2022 Thomas Heise
Herstellung und Verlag:
BoD - Books on Demand, Norderstedt

ISBN: 978-3-7562-0621-6

Vorbemerkung

In dem Merkblatt „Vorläufige Richtlinien für den Einsatz von Panzerabwehrwaffen in der Verteidigung" sind die wichtigsten der bei den Abwehrkämpfen an festen Fronten im Osten gemachten Erfahrungen über den Einsatz panzerbrechender Waffen ausgewertet.

Das Merkblatt ergänzt die D 87 „Richtlinien für die Panzerabwehr aller Waffen" und die übrigen die Panzerabwehr behandelnden Merkblätter usw. Bis zur Herausgabe einer neuen Vorschrift über die Panzerabwehr aller Waffen dient es als Richtlinie für die Ausbildung und zur Sammlung weiterer Erfahrungen.

Der Einsatz von Panzerkampfwagen, Flak-Artillerie und Flak-Einheiten ist nicht besonders behandelt. Dafür gelten die einschlägigen Vorschriften, für Flak-Artillerie insbesondere das Merkblatt geh. Nr. 9/13 „Richtlinien für den Einsatz von Flak-Artillerie im Erdkampf" vom 22. Februar 1944.

Inhaltsverzeichnis

I. Führungsmaßnahmen

a) Auswahl der Stellung.

1. Bei Auswahl einer Verteidigungsstellung müssen die Forderungen nach Panzersicherheit oder für die Panzerabwehr günstigen Verhältnissen und nach guten Beobachtungsmöglichkeiten für die Artillerie und schwere Waffen im Vordergrund stehen.

   Feindlage und Geländegestaltung, Zustand der eigenen Truppe (Empfindlichkeit gegen feindliche Panzer und Trommelfeuer, Gefechtsstärke), Zahl und Art der vorhandenen Waffen usw. schaffen so verschiedenartige Voraussetzungen, daß eine allgemeingültige Abstufung zwischen der Forderung nach Panzersicherheit und der nach guten Beobachtungsmöglichkeiten nicht erfolgen kann. Häufig jedoch wird es möglich sein, bei geschickter Führung der HKL. beide miteinander in Einklang zu bringen.

2. **Für Einsatz und Wirkung der Panzerabwehrwaffen** ist richtige Auswahl der Stellung von entscheidender Bedeutung.

   Hinterhangstellungen sind für die Panzerabwehr am günstigsten. Hier können die Waffen im vorderen Teil des Hauptkampffeldes mit Wirkung auf den Hang vor der HKL. eingebaut werden, ohne frühzeitig vom Gegner erkannt zu werden, das Feuer kann auf kurze Entfernung überraschend eröffnet werden und das Verschieben der Waffen an bedrohte Abschnitte kann gedeckt erfolgen.

   Bei **Kamm-** oder **Randstellungen** ist eine Wirkung der Panzerabwehrwaffen vor die HKL. schwierig, bei zum Feind hin gewölbten Hängen meist unmöglich. Die Waffen dürfen nur für die Dauer des Feuerkampfes in einer hierzu ausgebauten Stellung stehen, im übrigen sind sie dicht hinter dem Kamm bereitzustellen. Das Instellungbringen darf vom Gegner nicht beobachtet werden können.

Vorderhangstellungen bieten zwar die Möglichkeit guten Schußfeldes, besonders auf langgestreckten flachen Höhen, haben dagegen den großen Nachteil, daß die hier eingesetzten Panzerabwehrwaffen vorzeitig vom Gegner erkannt und zerschlagen werden können. Instellunggehen und Stellungswechsel sind bei Tage meist nicht möglich. Deshalb dürfen die Waffen nur in gut versteckten Feuerstellungen, als Schweigewaffen oder frontal gedeckt (vgl. Ziffer 22) eingesetzt werden.

3. In den zur **Erkundung einer Verteidigungsstellung** vorausgesandten Erkundungsstäben sollen Offiziere aller Waffengattungen, mindestens aber je ein erfahrener Offizier der Infanterie, Artillerie, Pioniere und Panzerabwehrwaffe vertreten sein.

   Wichtigste Aufgabe des Führers eines Erkundungsstabes ist es, bei der **Auswahl des Geländes** im einzelnen ohne Rücksicht auf seine eigene Waffenzugehörigkeit die Forderungen **aller** Waffen für jeden einzelnen Stellungsabschnitt so aufeinander abzustimmen, daß durch volle Ausnutzung der Gegebenheiten des Geländes ein Höchstmaß an Abwehrkraft erreicht wird.

4. **Fehlen natürliche Panzerhindernisse,** dann muß durch **Ausbau** von Panzerabwehrgräben, Anlage von Minenfeldern usw. und durch entsprechenden Einsatz der Panzerabwehrwaffen ein möglichst hoher Grad der Panzersicherheit einer Stellung erreicht werden.*)

*) Vgl. OKH./Gen. St. d. H./Ausb. Abt./Gen. d. Pi. U. Fest. Nr. 7900/43 g. v. 1. 10. 43 „Anregungen für den Ausbau von Stellungen an der Ostfront."

b) **Der Panzerabwehrplan.**

5. Durch den Panzerabwehrplan soll erreicht werden, daß

der feindliche Panzerangriff möglichst vor der HKL. zusammenbricht,

trotzdem in die HKL. eingebrochene Panzer stets von neuem auf vorbereitete und besetzte Panzersperriegel oder Pak-Stützpunkte treffen, an denen auch Reserven und schnell zusammengeraffte Kräfte Rückhalt finden,

die Ausweitung eines feindlichen Einbruchs zum Durchbruch verhindert und die Grundlage zur Bereinigung des Einbruchs geschaffen wird.

6. Der Panzerabwehrplan ist, ähnlich wie ein Feuerplan, unter verantwortlicher Leitung des Truppenführers, möglichst schon bei der Erkundung der Stellung, **aufzustellen.** Er hat sich auf das gesamte Hauptkampffeld (Feuerstellungsräume der Artillerie und Flak einschließlich)*) zu erstrecken.

Er regelt außer dem Ausnützen natürlicher Hindernisse und Anlegen von Sperren den Einsatz **aller** panzerbrechender Waffen einschließlich Panzer-Nahkampfmittel und -waffen (vgl. III) sowie den Panzer-Warn- und Beobachtungdienst für alle Waffen (vgl. H.-Dv. 470/12, Ziffer 61-70).

Die Aufstellung des Panzerabwehrplanes erfordert enge Zusammenarbeit außer mit Pionieren auch mit Artillerie, Flak und schweren Infanteriewaffen. Ihre Feuerstellungen sind in den Panzerabwehrplan mit einzubeziehen und so auszuwählen, daß sie

*) Vergl. Anmerkung S. 6.

7

neben ihren Hauptaufgaben jederzeit in der Lage sind, in das Hauptkampffeld eingebrochene Feindpanzer nicht nur frontal, sondern auch in Flanke und Rücken zu bekämpfen.

7. Der Panzerabwehrplan regelt vorausschauend auch die **Erkundung** und den **Ausbau** aller Anlagen und Stellungen für den Einsatz von **Reserven und Verstärkungen** an Panzerabwehrwaffen aller Art, auch in der Tiefe der Stellung. Hierdurch entstehen im Laufe der Zeit zugleich für die vorn eingesetzten Waffen Ausweich- und Wechselstellungen in der Tiefe.

   Keinesfalls dürfen sich Ausbau und Erkundung von Stellungen nur auf Zahl und Art der vorhandenen Panzerabwehrwaffen beschränken.

8. Ebenso wichtig wie die Aufstellung des Panzerabwehrplanes ist seine **Durchführung.** Aufstellung und Durchführung müssen in einer Hand liegen, damit **einheitliche Ausrichtung** in allen Fragen der Panzerabwehr vor und während des Kampfes sichergestellt ist.

   Mit Aufstellung und Durchführung des Panzerabwehrplanes wird im Divisionsrahmen zweckmäßig der Kommandeur der Divisions-Panzerjäger-Abteilung beauftragt. Er führt seine Aufgabe im engsten Einvernehmen mit den Regimentskommandeuren durch. In größerem Rahmen stehen hierzu die „Stabsoffiziere für Panzerbekämpfung" zur Verfügung, sofern nicht besondere Lagen die Bestimmung von Truppenkommandeuren zu **Panzer-Abwehr-Offizieren** erforderlich machen.

   Die Verantwortlichkeit jedes Truppenführers für die in seinem Abschnitt eingesetzten eigenen Panzerabwehrwaffen vor und während des Kampfes wird hierdurch nicht berührt.

9. Der **Panzer-Abwehr-Offizier** ist **Berater seines Truppenführers** und unterstützt ihn vor allem bei der Durchführung folgender **Aufgaben:**

Erfassung aller panzerbrechenden Waffen so, daß im Großkampf keine Waffe unausgenutzt bleibt.

Einsatz aller panzerbrechenden Waffen so, daß jede Waffe entsprechend ihrer Eigenart und Leistung, dem Gelände und der taktischen Lage richtig verwendet wird.

Zusammenwirken aller panzerbrechenden Waffen so, daß vor allem an den Schwerpunkten größte Wirkung erzielt wird. Das Zusammenwirken zwischen selbstbeweglichen und Stellungswaffen, sowie innerhalb der verschiedenen selbstbeweglichen Waffen, bedarf in jedem Falle einer besonderen Regelung.

Hierzu gehört **im einzelnen** – neben der Orientierung der taktischen Führer über Einsatz der Panzerabwehrwaffen – persönliche Fühlungnahme der Führer von Panzerabwehrwaffen, gegenseitige Unterrichtung über Auftrag und Einsatzraum (hierdurch Verhinderung des Beschusses durch eigene Waffen und gegenseitige Behinderung durch Zusammenballung), eingehende Orientierung über Feind, eigene Truppe und Gelände, sowie Regelung gegenseitiger Funkverbindung (gegebenenfalls Austausch von Funkstellen).

10. **Werden auf diese Weise alle Möglichkeiten der Geländewahl, der Geländeverstärkung, des Einsatzes und des Zusammenwirkens panzerbrechender Waffen richtig ausgenutzt, so ist die wichtigste Voraussetzung für die Abwehr feindlicher Panzerangriffe geschaffen.**

II. Einsatz der Panzerabwehrwaffen

a) Einsatzgrundsätze und Kampfweise.

11. Die eindeutige **Aufgabe der Panzerabwehrwaffen** ist der wirksame Schutz des Hauptkampffeldes und der in ihm eingesetzten Truppen, vor allem der Infanterie, gegen angreifende Feindpanzer, **Der feindliche Panzerangriff soll möglichst vor der HKL. zusammenbrechen.** In die HKL. eingebrochene Panzer müssen am Aufrollen der HKL. verhindert, in die Stellung eingebrochene Panzer im HKF. aufgefangen und vernichtet werden.

    Je weiter vorn Panzerabwehrwaffen ihre Aufgabe erfüllen, ohne selbst vorher vom feindlichen Feuer zerschlagen zu werden, desto mehr Verluste ersparen sie der Infanterie und desto besser schützen sie auch die Artilleriestellungen.

12. Die verfügbaren Panzerabwehrwaffen reichen meist nicht aus, um alle bedrohten Stellen der Front gegen Panzerangriffe zu schützen. Auch breite Frontabschnitte dürfen nicht zur Zersplitterung der Panzerabwehrwaffen verleiten.

    In jeder Lage, vor allem bei breiten Abschnitten, ist daher **entscheidend wichtig:**

    a) **Bildung von Panzerabwehr-Schwerpunkten in der Front und in der Tiefe.**

    Sie sind dorthin zu legen,

    > wo das Gelände den feindlichen Panzerangriff begünstigt,

    > wo feindliche Panzer nicht durchbrechen **dürfen** oder

    > wo sich feindliche Panzerschwerpunkte abzeichnen.

10

b) **Bildung von beweglichen Reserven** an panzerbrechenden Waffen (Sturmgeschütze, Panzerjäger, Pak (Sf) und **Wendigkeit beim Einsatz** der Reserven, gute Organisation der Panzerbeobachtung, schnelle Weitergabe der Panzer-Warnung durch alle Waffen (Vorrang vor allen anderen Meldungen!), Erkundung und Ausbau von Stellungen und Wechselstellungen für Verstärkungs-Pak aller Art sowie Markierung und Ausbau der Anmarschwege aus den Bereitstellungen sind an breiten Fronten und in ungeklärter Lage von besonderer Wichtigkeit.

Dies gilt auch für die in Reserve gehaltenen, auf dem Gefechtsfeld nur beschränkt beweglichen s. Pak (mot. Z.) (vgl. Ziffer 14).

Die Erkundung der Stellungen erfolgt in der Regel zu Fuß. Die Führer der Reserven müssen jede Stellung kennen, die Fahrer müssen bei Tag und Nacht eingefahren sein.

13. In Lagen, bei denen mit einem feindlichen Panzerangriff noch nicht zu rechnen ist, und **in ungeklärter Lage** genügt häufig der Einsatz **eines Teils** der gezogenen Pak. Er richtet sich in diesem Fall in erster Linie nach dem Grad der Panzersicherheit des Geländes. **Ein Teil der s. Pak** kann in der Nähe der Gefechtsstände (Regiment, Bataillon) **beweglich** bereitgehalten werden. Damit sind gute Verbindung, schneller Einsatz sowie Pflege des Geräts sichergestellt. Über frühzeitigen Einsatz siehe Ziffer 20.

14. Zeichnen sich **vor einem feindlichen Panzerangriff** klare Schwerpunkte ab, dann gilt es, mit allen Mitteln

die Panzerabwehr an den voraussichtlichen Brennpunkten der Front örtlich zu verstärken, um einen **Einbruch** in die HKL. zu **verhindern.**

eine größere **Tiefe** der Panzerabwehr zu bilden, um einen feindlichen Einbruch oder **Durchbruch aufzufangen.**

Dazu sind rechtzeitig aus nicht oder weniger bedrohten Abschnitten Pak herauszuziehen und zusammen mit den bisher bereitgehaltenen Pak (vgl. Ziffer 13) einzusetzen. Auch Einsatz von **Minen**reserven kann in Frage kommen.

Selbstbewegliche Panzerabwehrwaffen (vgl. Ziffer 27 und ff.) bleiben als bewegliche Reserven bereitgestellt. Jedoch kann ein Verschieben oder ein näheres Heranziehen an die Front zweckmäßig sein.

Fehlen selbstbewegliche Panzerabwehrwaffen, muß sich die Führung einen Teil der s. Pak (mot. Z.) als Panzerabwehr-Reserve bereithalten, obwohl deren Beweglichkeit auf dem Gefechtsfeld beschränkt ist. Dies darf jedoch nicht zu einer völligen Entblößung der Truppe von s. Pak führen, es sei denn, ihre Stellung ist einwandfrei panzersicher.

15. Je nach Zahl der verfügbaren Panzerabwehrwaffen entstehen auf diese Weise an den bedrohten Frontabschnitten ein oder mehrere, möglichst lückenlose Feuerfronten gegen Feindpanzer **(Panzer-Sperrriegel).**

Der vorderste Panzersperriegel liegt vor der HKL., den am weitesten rückwärts gelegenen bilden die Artillerie, die Flak und die herangeführten Pak-Reserven, soweit diese nicht mehr rechtzeitig zum Einsatz im vorderen Teil des HKF. kommen konnten.

Durch den Panzerabwehrplan wird die gegenseitige Überdeckung der Panzerbeschußräume aller zur Panzerabwehr geeigneten Waffen in den verschiedenen Panzersperriegeln im Zusammenwirken mit Panzerhindernissen und Sperren aller Art sichergestellt.

Der Verlauf weiterer Panzersperriegel in der Tiefe ist ähnlich wie der Verlauf rückwärtiger Stellungen vorausschauend durch die obere Führung festzulegen, ihre Erkundung zu befehlen.

16. **Wird vor oder während eines feindlichen Panzerangriffs** eine **Änderung** des Schwerpunktes erkannt, dann ist auch der **Panzerabwehr-Schwerpunkt** unverzüglich zu verlegen. Mehrfacher Stellungswechsel darf nicht gescheut werden, im feindeingesehenen Gelände kann er jedoch nur bei Dunkelheit erfolgen (Wegemarkierung!).

Die Zugmittel der gezogenen Pak sind hierzu nahe heranzuhalten und einzugraben, jedoch außerhalb des Wirkungsbereichs der feindlichen schweren Infanteriewaffen.

17. Sind die **eingesetzten** panzerbrechenden **Waffen zerschlagen** worden, dann wird ein Durchbruch feindlicher Panzer im allgemeinen erst vor einem Panzerhindernis in der Tiefe des HKF., vor der Artillerie-Schutzstellung*) oder vor panzerhemmendem Gelände (Sumpf, Wald) aufzufangen sein.

Alle dann noch verfügbaren bzw. neu herangeführten panzerbrechenden Waffen sind in oder hinter diesen Linien zusammenzufassen und zur Bildung eines **neuen Panzersperriegels** aufzubauen, um die eingebrochenen Feindpanzer auf eine neu organisierte Abwehr auflaufen zu lassen.

Es ist besser, durchgebrochene Feindpanzer in solchen Stellungen mit feuerbereiten Geschützen zu erwarten, als die Waffen – insbesondere Pak (mot. Z.) und Pak (Sf.) – in Unkenntnis der Lage zu weit an die Feindpanzer heranzuführen und sie damit,

*) Vgl. Anm. S. 6.

13

ohne entscheidenden Abwehrerfolg, hohen Verlusten auszusetzen.

Durchgebrochene Feindpanzer können auch wirkungsvoll durch Panzer-Schlachtflieger bekämpft werden.

18. Der **Abstand** der Pakstellungen **von der HKL.** kann nicht einheitlich befohlen werden. Er richtet sich in erster Linie nach dem **Gelände** und den wirksamsten Schußentfernungen (nicht Höchstschußweiten!), ferner nach der voraussichtlichen Lage des feindlichen Vorbereitungsfeuers und dem Grad der Empfindlichkeit der Waffen.

Neben ausreichender **Staffelung nach der Tiefe,** besonders an den Schwerpunkten, muß stets **Wirkung** zahlreicher, darunter auch schwerer Panzerabwehrwaffen **vor und in die HKL.** angestrebt werden. Als **Anhalt** kann gelten, daß in einem schwach bedeckten und leicht gewellten Gelände die Mehrzahl der s. Pak im allgemeinen abgesetzt von der HKL. hinter den angenommenen oder erkannten Schwerpunkten, die **leichteren** Waffen weiter vorn in der Nähe oder in der HKL. eingesetzt werden (vgl. Ziffer 25 und 26). Ein **linearer Aufbau** der Waffen ist in jedem Falle **abzulehnen.**

Mindestens die s. Pakstellungen und die dazugehörigen Annäherungswege sollen der feindlichen Beobachtung entzogen sein.

19. **Einzeleinsatz der schweren Pak** ist grundsätzlich abzulehnen, weil die so eingesetzten Waffen von den meist gruppenweise von verschiedenen Seiten angreifenden Feindpanzern zerschlagen werden. S. Pak sind daher zu zweit (halbzugweise), zusammen mit m. oder le. Pak oder verstärkt durch Panzer-Nahkampfmittel und Minenschnellsperren in **Pakkampftrupps** zusammenzufassen. (Ausnahme s. Ziffer 25.)

14

Ihre Stellungen sind zu **Stützpunkten** („Pak-Nestern") auszubauen, so daß sie bei örtlichen feindlichen Einbrüchen auch als Rückhalt und Anklammerungspunkte für die Infanterie dienen können. Wenn angängig, empfiehlt es sich, einige Stützpunkte zur Erhöhung der Widerstandskraft in die Nähe von Gefechtsständen oder Feuerstellungen der schweren Waffen der Infanterie zu legen.

Die einzelnen Pak eines Pakkampftrupps müssen sich gegenseitig Feuerunterstützung geben können („Rottenkameradschaft"). Der Abstand der Geschütze untereinander richtet sich nach der wirksamsten Schußentfernung, eine Zusammenballung ist zu verhindern.

Einzeleinsatz der **leichteren** Panzerabwehrwaffen wird sich infolge der Abschnittsbreiten und Geländeverhältnisse häufig nicht vermeiden lassen.

20. Pak, die nicht zur beweglichen Reserve gehören, sollen **in Stellung** sein, ehe das feindliche Vorbereitungsfeuer oder der feindliche Angriff beginnt (Stellungspak). Später ist ein Instellungbringen oder ein Stellungswechsel meist nicht mehr möglich.

Auffahrende Pak sind ein lohnendes Ziel für die feindliche Artillerie und Panzer. Sie werden vernichtet, ehe sie zur Wirkung kommen, oder frühzeitig erkannt und unter zusammengefaßtes Feuer genommen.

21. **Feuereröffnung** aller Panzerabwehrwaffen soll möglichst **spät und überraschend** erfolgen, jedoch unter Ausnutzung der **wirksamsten Schußentfernung.** Diese muß den Bedienungen bekannt sein. Späte Feuereröffnung ist aus Feuerstellungen auf dem Vorderhang oder Kamm besonders wichtig.

Zur Aufklärung einzeln oder in geringer Zahl vorfühlende, meist leichte feindliche Panzer dürfen nur von wenigen vorher bestimmten Pak bekämpft werden (vgl. auch Ziffer 25).

Bekämpfung von art. wirkenden feindlichen Panzern, die aus großer Entfernung die Stellung unter Feuer nehmen, ist im allgemeinen nicht Aufgabe der Pak, sondern Sache der Artillerie bzw. der Panzerjäger und Sturmgeschütze.

b) Einzelheiten der Feuerstellungen.

22. **Die Stellungen sollen so liegen,** daß

der Gegner durch das Feuer **überrascht** wird,

der Gegner möglichst von mehreren Seiten aus der **Flanke** gefaßt werden kann,

Panzer-Schußfeld möglichst **nach mehreren Seiten** vorhanden ist,

die Geschütze sich **gegenseitig unterstützen** können.

Deshalb muß jede einzelne Stellung sorgfältig erkundet und geschickt der Geländeform und der Bodenbewachsung angepaßt werden.

Flankierende Wirkung vor die HKL. ist oft aus Stellungen möglich, die auf dem Vorderhang liegen, aber frontal gedeckt sind. Bieten sich in benachbarten Abschnitten bessere Möglichkeiten flankierender Wirkung als im eigenen Abschnitt, so sind diese auszunutzen. Abschnittsgrenzen dürfen kein unüberwindliches Hindernis sein. Dasselbe gilt sinngemäß auch für Auswahl der Bereitstellungsräume.

Rundumwirkung ist stets anzustreben, jedoch kann die Rücksicht auf Deckung und Tarnung eine Einschränkung dieser Forderung notwendig machen.

Jede Pakstellung muß zur infanteristischen **Nahverteidigung** eingerichtet werden. Die Stellungen

16

sind nach Möglichkeit in Stützpunkte einzubeziehen.

Unauffälliges Festlegen der wichtigsten Entfernungen im Gelände hat sich bewährt.

23. Bei feindlichen Einbrüchen kann es erforderlich werden, Pakstellungen zusätzlich **infanteristisch zu sichern.** Meist wird dies nur bei s. Pak möglich sein. Hierdurch wird verhindert, daß die wertvollen Waffen vorzeitig ausfallen oder von ihrer eigentlichen Aufgabe, der Panzerbekämpfung, abgezogen werden.

In den Feuerstellungen müssen stets Sprenggranaten zur Bekämpfung eingebrochener, feindlicher Infanterie bereitliegen.

24. Nur **sorgfältig ausgebaute** und vor allem **gut getarnte** Feuerstellungen erfüllen ihren Zweck. Sie sollen der feindlichen Erd- und Luftbeobachtung entzogen werden. **Pakstellungen müssen bei Tage wie tot daliegen.**

Bau von überdachten Kampfständen mit Scharten hat sich wegen der Einschränkung der Wirkungsmöglichkeit nicht bewährt. Beim Ausbau ist vor allem auf Schutz von Rohr, Rohrwiege, Ziel- und Richteinrichtung zu achten.

Zur **Täuschung** des Gegners kann es zweckmäßig sein, eine andere vorbereitete und ausgebaute Stellung zu beziehen, wenn mit Sicherheit anzunehmen ist, daß die bisherige Stellung vom Feind erkannt ist (z.B. bei feindlichem Artilleriebeschuß oder nach eigener Feuereröffnung) oder wenn in Kürze ein feindlicher Panzerangriff zu erwarten ist. Für die Durchführung des Stellungswechsels gelten Ziffer 16 und 20.

Ferner kann der Gegner durch gut angelegte **Scheinstellungen** wirksam getäuscht werden. Diese haben jedoch nur Wert, wenn sie von Zeit zu Zeit besetzt werden.

c) Besonderheiten der verschiedenen Waffen.

aa) Gezogene Pak.

25. Gezogene Pak sind im allgemeinen **Stellungswaffen.** Sie sind zur Panzerjagd ungeeignet und zu einem beweglichen Einsatz auf dem Gefechtsfeld nur bedingt geeignet. Durch das feindliche Vorbereitungsfeuer sind sie auch dann gefährdet, wenn sie sorgfältig eingegraben sind.

Dies gilt insbesondere für **s. Pak** (mot. Z.). Diese werden daher, wenn es Auftrag und Gelände irgend erlauben (vgl. Ziffer 18), außerhalb des voraussichtlichen feindlichen Hauptfeuerraumes und als Schweigewaffen eingesetzt.

Ein **Vorziehen einzelner s. Pak** dicht hinter die HKL. wird erforderlich, wenn anders keine Möglichkeit besteht, vor der HKL. in Deckung stehende Feindpanzer auszuschalten. Ein derartiger Einsatz muß sorgfältig vorbereitet werden und zeitlich beschränkt bleiben. Straffe Feuerdisziplin ist für diese Geschütze besonders wichtig. Das Vorziehen kann nur bei Dunkelheit erfolgen.

26. **Le. Pak** haben ihre ursprüngliche Bedeutung als Panzerabwehrwaffen weitgehend verloren. Sie werden daher in erster Linie zur Unterstützung der schweren Waffen der Infanterie in Nähe der HKL. eingesetzt oder Pakkampftrupps zugeteilt. Den Kampf gegen Infanterieziele führen sie aus vorbereiteten Wechselstellungen mit **frontaler** Wirkung, während sie gegen feindliche Panzer nur noch aus der **Flanke** und auf nächste Entfernung Erfolge haben.

bb) Selbstbewegliche Panzerabwehrwaffen.

27. Bei selbstbeweglichen Panzerabwehrwaffen ist zu unterscheiden zwischen Sturmgeschützen, Panzerjägern und Pak (Sf.).

Sturmgeschütze haben sich bisher als die besten Waffen zur Panzerbekämpfung erwiesen.

Panzerjäger sind voll gepanzerte und geländegängige Kampffahrzeuge. Ihre wesentlichen Merkmale sind:

Kein Drehturm, dafür

starke Frontpanzerung und

lange Kanone mit großer Durchschlagsleistung.

Panzerjäger sind befähigt, **Feindpanzer zu jagen,** d. h. sie **angriffsweise** zu bekämpfen. Darüber hinaus können sie zur unmittelbaren Unterstützung der Infanterie wie Sturmgeschütze eingesetzt werden.

Pak (Sf.) sind s. Pak auf schwach und nur teilweise gepanzerten, oben offenen Selbstfahrlafetten (Fahrgestelle von Panzerkampfwagen). Sie sind zwar ebenso geländegängig wie Sturmgeschütze und Panzerjäger und schießen nur in Fahrtrichtung, ihre Panzerung schützt sie jedoch nur gegen Infanteriefeuer und Granatsplitter. Sie sind daher zu einer **angriffsweisen Verwendung** nach Art von Sturmgeschützen oder Panzerjägern **nicht geeignet.** Unter Ausnutzung ihrer Beweglichkeit führen sie den Feuerkampf aus versteckten, häufig wechselnden und vorher erkundeten Feuerstellungen.

Einsatz selbstbeweglicher Panzerabwehrwaffen als Stellungspak ist grundsätzlich abzulehnen, weil hierdurch schneller und überraschender Einsatz und schwerpunktmäßiges Verschieben an Brennpunkte verhindert wird.

28. Selbstbewegliche Panzerabwehrwaffen werden in der Regel bis zum Beginn des feindlichen Panzerangriffs als **Reserve der Führung beweglich bereitgestellt.** Ein Zerreißen der Verbände oder Einheiten ist dabei zu vermeiden. Einzeleinsatz von Geschützen ist stets falsch.

Entsprechend der Beurteilung der Feindlage erfolgt die Bereitstellung in feuerarmen Räumen so, daß die Waffen auf Befehl in kürzester Zeit die bedrohten Abschnitte so rechtzeitig erreichen, daß sie aus vorbereiteten Stellungen die angreifenden Feindpanzer noch möglichst vorwärts der HKL. zum Kampf stellen und vernichten können.

Durch ständige Marschbereitschaft (Alarmübungen!), überlagernde Nachrichtenverbindungen zu den Bereitstellungsräumen, durch eingehende Geländeerkundung, Markierung der Anmarschwege, gute und lückenlose Organisation der Panzerbeobachtung und schnelle Weitergabe der Panzerwarnung ist beschleunigter Einsatz sicherzustellen. Genügende Ausstattung mit Munition und Betriebsstoff sowie Kenntnis der Lage eigener Minenfelder sind Voraussetzungen für den Einsatz.

29. Ist die **Angriffsrichtung feindlicher Panzerkampfwagen erkannt,** erfolgt die Bekämpfung durch die selbstbeweglichen Panzerabwehrwaffen häufig so, daß eine in Front mit Teilen gebildete Feuerfront den feindlichen Panzerangriff zum Stehen bringt, während andere Teile (vor allem Panzerjäger) den Feind unter Ausnutzung von Sonne, Wind, Bodenbedeckung und Bodenform überraschend in Flanke und Rücken angreifen („Zangenangriff"!). Hierbei gilt der Grundsatz:

„Wer zuerst in Stellung ist und im Panzerduell den ersten Schuß hat, ist meist Sieger!",

denn er kann den Feind anlaufen lassen und das Feuer überraschend aus günstiger Richtung und auf günstige Schußentfernung eröffnen.

Stets ist anzustreben, die feindlichen Panzer schon vorwärts der HKL. zu vernichten.

30. Ist der feindliche Panzerangriff abgeschlagen, sind die selbstbeweglichen Panzerabwehrwaffen – nach vorheriger Verständigung der Infanterie – unverzüglich zurückzunehmen, für den nächsten Einsatz beschleunigt vorzubereiten und erneut bereitzustellen. Eine Zurückname hat im allgemeinen auch für die Nacht zu erfolgen.

III. Panzernahbekämpfung

(vgl. auch H.-Dv. 469/4 und Merkbl. 47/14 u. 77/1-3)

31. Überraschend auftretende oder durchgebrochene Feindpanzer können in allen Gefechtslagen die Truppe ohne ausreichenden Schutz von Pak antreffen. Auch Reserven, Gefechtsstände, Stäbe, Feuerstellungen, schwere Waffen, rückwärtige Einheiten, Trosse, ferner Orts- und Bahnhofskommandanten usw. können in die Lage versetzt werden, sich feindlicher Panzer erwehren zu müssen.

Diesem Zwecke dienen:

a) die Panzer-Nahkampf**mittel** (Hafthohlladung, geballte Ladung, T-Minen, Blendmittel usw.),

b) die Panzer-Nahkampf**waffen** („Faustpatrone", „Panzerschreck" (vgl. Ziff. 33), Kampfpistole, Gew.-Gr.-Gerät).

Bei genügender Ausstattung mit diesen Kampfmitteln und -waffen und bei sorgfältigem Stellungsausbau muß **jede Truppe** in der Lage sein, feindliche Panzer wirksam zu bekämpfen.

Darüber hinaus stellt die Panzernahbekämpfung eine unerläßliche Ergänzung des Panzerabwehrplanes dar. Ihre Bedeutung wächst, wenn Panzerabwehrwaffen fehlen oder deren Wirkung durch Dunkelheit, Nebel, Niederschläge, unübersichtliches Gelände usw. eingeschränkt ist.

32. **Voraussetzung** für eine wirksame Panzernahbekämpfung ist eine gründliche **Ausbildung** aller Soldaten und eine unausgesetzte Erziehung zur Überwindung des natürlichen Unterlegenheitsgefühls des Menschen gegenüber gepanzerten Kampffahrzeugen. Dies geschieht, soweit es die Gefechtslage irgend gestattet, zweckmäßig durch

   a) Überrollenlassen von Panzern oder Kettenfahrzeugen in Panzerdeckungslöchern;

   b) Unterricht an Beutepanzern (Sichtverhältnisse aus dem Panzer heraus, toter Winkel usw.);

   c) Vorführung eigener Panzernahkampfmittel und -waffen und Veranschaulichung ihrer Wirkung;

   d) Abgabe eines Probeschusses mit Panzernahkampfwaffen.

33. **Neuartige Panzernahkampfwaffen:**

   a) „Faustpatrone".

   Sie gehört zur Ausstattung der

   Panzernahkampftrupps

aller Waffengattungen und kann auf Schußentfernungen bis 30 m und darüber mit Erfolg zur Wirkung gebracht werden. Mit einer Steigerung der Reichweite ist zu rechnen. Die Handhabung der Faustpatrone ist in halbstündiger Unterweisung von jedem Soldaten erlernbar.

   b) 8,8-cm-R-Panzerbüchse 54 „**Panzerschreck**" (alte Bezeichnung „Ofenrohr").

Bei dieser Waffe werden aus einem mit Schutz-schild versehenen 9,4 kg schweren Rohr 8,8-cm-HL.-Granaten verschossen. Mit einer Schußweite von über 150 m tritt die Waffe an die bisherige Stelle der Panzerbüchsen. Mit einer Steigerung der Reich-weite ist zu rechnen. Die Bedienung der Waffe setzt eine besondere Ausbildung voraus. Sie wird bei **Panzerzerstörer**einheiten eingesetzt (selbständ. Pan-zer-Zerstörer-Bataillone und Kompanien sowie Pan-zer-Zerstörer-Züge in Infanterie-Panzerjäger-Kom-panien).

Kleinste Einheit ist der

Panzer-Zerstörertrupp

zu 3 Rohren.

34. Der Einsatz der Panzernahkampfmittel und -waffen bedarf um so sorgfältigerer Überlegung, je geringer die vorhandene Ausstattung ist (Schwerpunktbildung).

In der **Verteidigung** regelt der Panzerabwehrplan ihren Einsatz. Gegenseitig sich unterstützende Pan-zerabwehrnester bilden die Regel. Reichliche Aus-stattung aller Truppen mit Panzernahkampfmitteln und -waffen ist anzustreben. „Panzerschreck" und „Faustpatrone" dienen in erster Linie zur schwer-punktmäßigen Verstärkung der Panzerabwehr der vorderen Linie.

In jedem Falle muß die Führung auf Bereitstel-lung von **Reserven** an Panzernahkampfmitteln und -waffen bedacht sein. Dies geschieht zweckmäßig durch Bereithalten von Panzerzerstörer- und Panzernah-kampftrupps bei Kompanie- und Batallions-Ge-fechtsständen, aber auch in der Tiefe der HKL. bei Feuerstellungen, Stäben usw. **Beweglichmachung** rückwärtiger Trupps mit Volkswagen oder Ketten-rad zur Bekämpfung durchgebrochener Feindpanzer hat sich bewährt. Hierbei kommt vor allem die „Faustpatrone" zu guter Wirkung.

Stets bedürfen Panzerzerstörer- und Panzernahkampftrupps beim Einsatz der infanteristischen Sicherung gegen die die feindlichen Panzer begleitende Infanterie und gegen Scharfschützen sowie der zusätzlichen Ausstattung mit Spreng- und Zündmitteln. Ihre vorbereiteten Stellungen sollten frontaler Feindsicht entzogen sein.

35. Neben der Regelung des Einsatzes und der Verteilung von Panzernahkampfmitteln und -waffen ist **ständige Überwachung** der Gefechtsbereitschaft (Funktionsschüsse, Waffenpflege) sowie der Lagerung (Schutz gegen Witterung und Nässe) erforderlich. Den Truppenkommandeuren stehen hierzu die Panzerabwehroffiziere sowie die Feuerwerker aller Dienstgrade zur Verfügung.